AF351291

RÉPONDRE AUX OBJECTIONS CLIENT

2ᴱᴹᴱ ÉDITION

Dr Philippe Massol
https://www.linkedin.com/in/philippemassol/

Sommaire

Pourquoi y a-t-il des objections ?

Une personne qui envisage d'acheter quelque chose imagine également toutes les raisons qui s'opposent à cet achat. Certes, il y a des avantages à acheter votre produit ou votre service mais il y a aussi forcément des inconvénients, ne serait-ce que le fait de devoir payer.

Par exemple, une personne veut changer de vélo et a les moyens de s'acheter un vélo plus cher que celui qu'il a actuellement. Le vendeur lui fait des propositions et le client, au fond de lui, pense qu'il n'a pas forcément besoin

d'un nouveau vélo car son vieux vélo fonctionne encore très bien. Par ailleurs, en n'achetant pas de nouveau vélo, cela lui permettra d'acheter autre chose. Dans le même temps, un nouveau vélo plus léger serait vraiment plus pratique pour monter les rues pentues qui lui donnent du mal actuellement. Bref, le client potentiel a un cœur qui balance entre achat et non achat. En fait, il est indécis et les objections sont le résultat de cette indécision. En effet, les objections marquent plus souvent l'indécision qu'autre chose.

Il existe toutefois différents types d'objections auxquelles vous devrez répondre de la façon appropriée pour convaincre et rassurer votre client afin qu'il puisse finalement décider d'acheter votre produit.

Ne vous braquez pas et ne stressez pas.

Les objections des clients sont difficiles à supporter, notamment parce qu'on les considère souvent comme des attaques personnelles : un peu comme si le client remettait en cause nos compétences professionnelles. Ce n'est donc pas forcément facile à gérer. Alors, quelle attitude avoir face à des objections ?

Premièrement, vous ne devez rien laisser paraître, et cela même si vous vous sentez agressés. Restez stoïque et ne réagissez pas. En réalité, une objection n'est pas une attaque personnelle, elle indique juste que le client n'a pas assez d'informations pour comprendre ce qu'il a à gagner à acheter votre produit.

Deuxièmement, ne montrez pas que vous êtes en désaccord avec l'objection du client et écoutez plutôt bien jusqu'au bout. Si le client a plusieurs objections, n'essayez pas de l'interrompre pour répondre immédiatement. En écoutant patiemment jusqu'à la fin, vous pourrez gagner du temps en répondant à plusieurs objections à la fois puisque certaines d'entre elles peuvent être similaires.

Enfin, sachez que plus un client exprime ouvertement ses interrogations et ses objections, plus les objections perdent de leur force. C'est pourquoi il ne faut pas essayer d'éviter les objections. Ainsi, si vous sentez que votre client n'est pas très convaincu, n'essayez pas de changer de sujet pour éviter les objections car le client continuera à ressasser ses interrogations et ses objections, et elles prendront alors de plus en plus de force. Au contraire, poussez le client à s'exprimer. Vous pouvez lui demander :
- Je vous sens un peu dubitatif vis à vis de mon explication : y a-t-il quelque chose qui vous embête ou qui vous gêne ?

Cela donnera l'opportunité à votre client d'expliquer ce qui pourrait freiner son achat, et vous pourrez comprendre ce qui le gêne. Vous augmenterez vos chances de vendre et vous pourrez anticiper les réactions de vos prochains clients plus facilement.

N'essayez pas d'avoir raison. Ne rentrez jamais en confrontation directe avec vos clients quand ils émettent des objections, même si vous n'êtes pas d'accord avec eux. Vous diminuez vos chances de vendre par la suite car si vous prouvez que vous avez raison, le client pourrait se vexer d'avoir eu tort. Si vous avez raison, il faut le lui faire comprendre en le présentant de façon à lui laisser une porte de sortie honorable et sans humiliation. En effet, beaucoup de clients achètent des produits non pas parce les produits sont bons mais parce qu'ils aiment bien les

vendeurs à qui ils achètent. Soyez donc agréables. Et être agréable, c'est parfois juste accepter de ne pas contredire un client. En fait, peu importe que vous ayez raison ou pas, vous n'êtes pas là pour avoir raison ou tort et vous n'êtes pas là non plus pour discuter : vous êtes là pour vendre et gagner de l'argent. Et dans tous les cas, si le client a des objections, qu'elles soient fondées ou infondées, il a forcément des raisons et il va falloir y répondre. Essayez en tout cas d'éviter les phrases suivantes qui risquent de braquer voter client :
- *je crois que vous avez mal compris ...*
- *non, je ne suis pas d'accord....*
-*C'est faux ! Vous n'avez pas compris...*

Dites plutôt :
- *Je peux comprendre votre point de vue, car il semble logique, mais ....*
et enchaînez avec vos arguments pour contrer l'objection.

Vous pouvez aussi dire :
- *bon, c'est ma faute, j'ai mal expliqué ce que je voulais dire. En fait, ce que je voulais dire, c'est que ...*
et là, vous expliquez de nouveau mais différemment, en faisant un effort pour être plus compréhensible ! Effectivement, si on ne vous a pas compris, c'est de votre faute ! En effet, si vous aviez été clair, le client aurait compris.
Vous pouvez faire encore plus simple en disant :
- *C'est une bonne remarque, et ...*

... et puis vous donnez des arguments pour éliminer l'objection.

Ne vous sentez pas obligés de répondre dès que le client vos oppose une objection : vous avez le droit de réfléchir. Prenez le temps de bien comprendre les objections et n'hésitez pas à poser des questions afin d'en savoir plus sur ce qui est important pour votre client. Essayez de repérer le vrai problème derrière la ou les objections.

Les Objections Réelles

Il existe toutefois des objections de types différents et chaque type d'objection se traite d'une manière différente. Sachez reconnaître les différents types d'objection pour apprendre à y répondre.

Les objections réelles apparaissent quand le client n'est pas convaincu. Ce sont des objections réelles, c'est à dire que les clients perçoivent un vrai problème dans votre histoire. Ces objections réelles démontrent en général un intérêt du client pour ce que vous lui proposez, et cela montre qu'il a un problème à résoudre.

Premier cas de figure, plutôt embêtant : vous avez proposé à un client un produit ou un service qui ne résout aucun de ses problèmes, ou qui les résout moins bien que ne le font des produits concurrents ; produits concurrents qu'il utilise probablement déjà. Dans ce cas, ce n'est pas en répondant à ses objections que vous réussirez à vendre, mais en demandant aux personnes qui sont en charge du développement des produits ou des services d'améliorer votre offre, pour qu'elle réponde mieux aux attentes des clients.

Deuxième cas de figure : votre produit résout bien le problème du client mais le client n'a pas compris votre message. Il veut juste de meilleures explications.

Le client vous dit qu'il n'est pas convaincu

Si le client vous dit qu'il n'est pas convaincu, soit votre produit est mauvais par rapport à la concurrence, soit vous vous êtes mal exprimés et il est nécessaire de le rassurer. Les meilleurs moyens de rassurer dans ce cas sont :

1) faire une démonstration de votre produit si le produit se prête à cela

2) proposer de prêter votre produit gratuitement pour essai, si c'est faisable. Par exemple, vous pourriez dire au client : *« je comprends, tant qu'on n'a pas vu fonctionner notre produit, on ne se rend pas compte de son efficacité. Est-ce que je peux vous proposer de vos laisser notre produit à l'essai ? »*

3) donnez des références d'autres clients qui ont acheté votre produit. Dans l'idéal, un de vos anciens clients est tellement content de votre produit, qu'il est prêt à témoigner (bon, dans la réalité, c'est difficile à obtenir car vos clients ont autre chose à faire que défendre vos produits).

Une fois que vous avez répondu à ses objections, vérifiez quand même si vous l'avez convaincu avec une phrase dans le style :

- Est-ce que je réussi à vous convaincre du sérieux de notre proposition ?

Si ce n'est pas le cas, interrogez le client sur ce qui l'inquiète. Même si vous ne vendez pas, vous aurez au moins des informations supplémentaires sur les éléments qui peuvent gêner un client et vous pourrez améliorer votre présentation lors de votre prochaine situation de vente.

Le client vous dit qu'il ne comprend pas ce que le produit va lui apporter

Votre client montre des signes d'incompréhension. Il ne comprend apparemment pas bien, et cela se traduit parfois par des questions qui vous paraissent n'avoir rien à voir avec ce que vous lui présentez. C'est probablement votre faute : vous avez perdu votre client dans une explication qui n'est pas assez claire. Il faut que le client comprenne parfaitement ce que vous voulez lui vendre car on n'achète jamais un produit qu'on ne comprend pas. Si vous pensez vous-même que vous n'avez pas été très claire, vous avez probablement intérêt à reprendre votre explication au début. Dans ce cas, vous pouvez dire que vous n'avez pas été très bon :

Je crois que je me suis très mal exprimé et je pense que je vous ai embrouillé. Si ça ne vous embête pas, je vais vous présenter les choses différemment pour qu'elles soient plus claires ».. et vous enchaînez sur une meilleure explication ou tout au moins sur une explication différente.

Si par contre vous pensez avoir été clair, demandez plutôt :
- Je ne suis pas sûr d'avoir été clair sur tout. Est-ce qu'il y a des points sur lesquels je n'ai peut-être pas été suffisamment précis ?

Pour aider quelqu'un à comprendre, n'hésitez pas à imager : donnez des exemples simples, si possibles pris dans la vie quotidienne. N'oubliez pas que le client n'est pas forcément l'utilisateur et qu'il a alors besoin de comprendre les avantages et la valeur ajoutée de votre produit, sans pour autant nécessairement avoir besoin de comprendre le détail technique.

Le client vous dit qu'il a besoin de réfléchir

Si un client vous dit *« j'ai besoin de réfléchir »* ou *« il faut que je réfléchisse »*, c'est que vous ne l'avez probablement pas convaincu mais que, dans le même temps, il existe probablement un besoin réel. Évitez les réponses du style :
- Réfléchir à quoi ?
- Je peux vous aider à réfléchir ?

En effet, le client pourrait mal le prendre et vous répondre :
- J'ai quand même le droit de réfléchir non ?
- Non, mais ça ne vous regarde pas.

La difficulté, est que si vous insistez, cela risque de créer un phénomène de rejet : bref, vous devez faire attention de ne pas braquer votre interlocuteur. Essayez la phrase suivante :

- Oui, je comprends très bien que vous ayez besoin de temps pour réfléchir. Mais peut-être, est-ce parce qu'il y a encore des points flous ? Peut-être que je n'ai pas été très clair : est-ce qu'il y a des points sur lesquels je pourrais apporter plus de précision ?

Si c'est le cas, tant mieux : cela veut dire que vous n'avez pas été clair et vous devez maintenant répondre sur les points qui stressent le client. Une fois vos nouvelles explications données, interrogez le client pour savoir si vous avez bien répondu à ses interrogations :

Est-ce que j'ai pu vous apporter les informations qui peuvent vous permettre de décider ?

Si le client a bien compris, vous allez pouvoir avancer dans le processus de vente. Par contre, si le client dit toujours avoir besoin de réfléchir, n'insistez pas mais demandez-lui :

« *Très bien. A quel période pensez-vous qu'il serait judicieux que je vous recontacte?* »

Et surtout, même si vous pensez que vous ne vendrez pas, n'oubliez jamais de relancer le client à la période qu'il vous a indiquée pour le rappeler. Le client ne vous rappellera pas de lui-même, même s'il est finalement susceptible d'acheter votre produit.

Le client vous dit qu'il faut qu'il en parle à quelqu'un avant de décider

Le client vous dit qu'il doit en parler à une autre personne avant de prendre une décision. Peut-être n'est-il pas le décisionnaire ? Beaucoup de consultants en force de vente disent qu'il faut s'assurer que l'interlocuteur est la personne décisionnaire. Hélas, ce n'est pas aussi simple que cela. Il n'est pas toujours facile de commencer un entretien par « *est-ce vous le décideur ?* ». En effet, cela donne l'impression que vous ne voulez parler qu'au décideur et cela pourrait vexer votre interlocuteur. Vous pouvez peut-être quand même tenter une phrase dans le style suivant :
- *Prenez-vous les décisions seul ou bien faudrait-il que je rencontre une autre personne pour lui expliquer notre proposition ?* »

Cette formulation est peu agressive et vous apprendrez peut-être, par exemple, que le décisionnaire n'est pas là. Cela ne voudra pas dire pour autant que vous ne devez pas faire votre présentation. Toutefois, dans ce cas particulier, si vous pensez qu'il y a un risque de ne jamais rencontrer le décideur en faisant votre présentation en son absence, tentez la phrase suivante :
Si le décisionnaire n'est pas là, est-ce qu'il ne vaudrait pas mieux repousser notre entretien pour qu'il puisse y participer, ça vous évitera de devoir tout lui raconter de

votre côté et il pourra me poser directement des questions s'il le juge nécessaire ?

Ensuite, n'insistez pas plus que cela si votre interlocuteur insiste pour que vous présentiez sans le décideur, ce serait dommageable.

Le client vous dit qu'il veut d'abord analyser la concurrence

Le client vous a écouté, et il vous dit : « *il faut que je consulte la concurrence* ». Il est probable que quelque chose ne lui a pas plus dans votre présentation. Dites :
- *Très bien, c'est tout à fait logique. Mais par curiosité, est-ce qu'il y a quelque chose qui vous a déplu dans ma proposition et qu'un concurrent pourrait mieux faire ? »*

Si le client vous répond positivement et vous donne un contre-argument réel, vous devez retravailler sur l'offre que vous lui avez faite.

Si le client répond par la négative, c'est à dire dire que rien ne lui a déplu, cela veut dire qu'il veut juste essayer de trouver moins cher ailleurs. Allez-y carrément et dites-lui :
- *Si je comprends bien, la proposition vous intéresse, vous êtes prêt à acheter mais vous voulez voir si vous trouvez la même chose moins cher ailleurs, c'est bien ça ? »*

Et peut-être faudra-t-il juste baisser un peu le prix pour convaincre le client (mais évitez les réductions chaque fois que vous le pouvez car chaque réduction vient réduire la marge de votre entreprise).

Enfin, s'il le client vous répond « *votre produit est très bien, mais je vous aussi savoir ce que font vos concurrents* », vous allez devoir patienter : sa demande est légitime et il ne signera sûrement pas maintenant. Dans ce cas, fixez un rendez-vous immédiatement pour pouvoir le rappeler et voir où il en est dans sa réflexion.

Le client vous demande ce que font vos concurrents

Le client vous demande ce que proposent les concurrents. Soyons honnête, il est parfaitement logique de vouloir savoir ce que font les concurrents, nous faisons tous cela quand nous sommes dans la position de l'acheteur. Maintenant, il est moins habituel de vous le demander à vous, vendeur ! On peut identifier deux cas de figure :
Dans le cas où vous êtes dans un secteur d'activité où il y a peu de concurrents et dans lequel vous êtes tous censés vous connaître sur le bout des doigts, vous avez intérêt à avoir préparé ce type de question. Sans donner le nom des concurrents, décrivez le plus neutrement possible ce qu'ils proposent, sans donner les prix, sauf s'ils sont plus élevés ou beaucoup plus élevés que les vôtres, et insistez sur les avantages de vos produits sur ceux des concurrents. Dans tous les cas, cela montrera que vous

connaissez bien votre secteur d'activité. Cela pourrait donner une phrase qui commence par :

- *Effectivement, nous avons 2 gros concurrents. Si vous voulez, je vais essayer d'être le plus descriptif possible sur ce qu'ils font... et puis vous expliquez...*

Dans le cas ou il y a de très nombreux concurrents et que vous n'êtes pas censé les connaître (même si en réalité vous les connaissez), vous pouvez dire :

- *Nous avons beaucoup de concurrents, mais je n'ai aucune idée ni sur le sérieux, ni sur la qualité des produits qu'ils proposent. De notre côté, nous sommes très attentifs sur la qualité, maintenant, je ne peux pas parler au nom des concurrents et je ne sais pas comment ils fonctionnent.*

Dans tous les cas, ne commentez pas trop sur ce que font les concurrents. Ce n'est pas à vous de faire ce travail, mais aux commerciaux de vos concurrents.

Les objections
« Status quo »

Certaines objections ne sont là que pour permettre de se débarrasser de vous ou de ne pas avoir à réfléchir de nouveau sur une thématique qui a déjà été résolue dans le passé. C'est pour cela que, quand vous allez faire vos courses au supermarché, vous achetez de très nombreux produits par défaut, en achetant les mêmes produits que la fois précédente. Pourquoi ? Parce que cela demande beaucoup moins d'énergie et que c'est plus rapide. C'est pour cela que de très nombreuses objections ont pour unique but de se débarrasser de vous pour ne pas avoir à réfléchir.

Le client vous dit qu'il a déjà un fournisseur et qu'il en est content.

Quand un client vous indique qu'il a déjà un fournisseur et qu'il en est très content, il n'y a qu'une seule réponse à ce type d'objection :
- *C'est bien normal, mais c'est car vous ne nous connaissiez pas, et peut-être que vous changerez d'avis.*

Si vous l'osez, vous pouvez enchaîner cette phrase avec une illustration un peu plus agressive. Par exemple, si vous êtes en face d'une personne qui a connu les appareils photo avec pellicule, vous pouvez tenter :

- Moi, j'avoue que j'étais très satisfait quand je prenais des photos avec une pellicule Kodak argentique avant d'utiliser un appareil photo numérique, mais j'ai changé d'avis il y a bien longtemps

Si votre interlocuteur est plus jeune et si vous pensez qu'il ne connaît probablement pas la photo argentique, tentez plutôt :
- Moi, j'avoue que j'étais très satisfait de pouvoir réserver mes billets de train à la gare, jusqu'à ce que je découvre que je peux les acheter sur internet et avoir des ebillets que je n'ai même pas besoin d'imprimer et que je ne peux pas perdre, donc j'ai changé d'avis ».

Soyez quand même vigilant, vous pouvez vous permettre d'insister si vous savez que vous avez un produit différent de celui des concurrents, avec un avantage pour le client. Car si vous ne faites que proposer plus ou moins la même chose que tous les autres, votre accroche agressive qui promettait beaucoup risque d'échouer et vous risquez même de générer une réaction de rejet.

Le client vous dit qu'il a déjà un fournisseur et qu'il entretient une bonne relation avec lui

Il est très difficile de répondre à l'objection : *« J'ai déjà un fournisseur et on a une bonne relation »* car des liens de confiance ou même des liens personnels ont pu être établis entre client et fournisseur. Commencez en répondant de la façon suivante :
- *Des clients fidèles, c'est sympa ! Même si c'est à mon détriment. Mais par curiosité, à part votre souhait de demeurer fidèle à votre fournisseur, est-ce qu'il y a une autre raison qui nous empêche de travailler ensemble?*

Si le client vous liste d'autres raisons, répondez à ces autres objections en priorité. Si le client vous dit que c'est la seule raison, contournez l'objection en utilisant l'astuce suivante :
- *Si votre fidélité pour votre fournisseur vous honore, remarquez qu'elle n'est valable que dans un sens. Je veux dire par là que votre fournisseur, lui, ne se prive pas de travailler avec d'autres et que, parmi eux, se trouvent vos concurrents.*

Vous pouvez aussi minimiser l'enjeu d'entamer une relation commerciale en proposant par exemple :
- *Ce que je peux vous proposer, c'est que vous continuiez bien sûr de travailler avec votre fournisseur habituel, mais*

que vous puissiez passer une ou deux petites commandes chez nous, tout comme votre fournisseur travaille pour d'autres clients, voir vos concurrents. Je peux par exemple vous proposer de tester notre nouveau produit, ça ne portera pas à conséquence à votre fournisseur habituel et vous pourrez profiter de ...

...et vous enchaînez sur l'explication de votre produit. Cela peut vous paraître un texte un peu long, mais ça vaut la peine d'apprendre ce genre de réponse par cœur car, une fois que vous êtes référencé chez un client et qu'il a déjà acheté chez vous, il vous sera beaucoup plus facile de vendre des volumes importants par la suite (on appelle cela la technique du « pied dans la porte »).

Le client vous dit qu'il travaille avec votre concurrent

Quand votre client vous indique qu'il travaille déjà avec votre concurrent, ne critiquez pas le concurrent et au contraire, dites au client que c'est un bon choix (évidemment, si votre concurrent n'est pas un escroc). Dites :
- Ah ok... c'est vrai que c'est une entreprise sérieuse.

Ne perdez pas votre temps à présenter vos produits puisque le client connait déjà bien ceux du concurrent.

Avant de lui présenter vos produits, préparez le terrain de la façon suivante :
- Est-ce que vous voulez que je vous explique les différences que nous avons avec notre concurrent ou bien préférez-vous ne pas savoir ?

Difficile de répondre qu'on préfère ne pas savoir : en effet, cette façon de poser la question génère la peur de décider sans savoir. Et c'est pourquoi, si vous posez cette question, un client osera rarement vous répondre qu'il préfère ne pas savoir. Vous aurez alors obtenu du temps pour expliquer en quoi votre offre est différente de celle des concurrents.
Si vous connaissez mal les offres des concurrents, profitez-en pour poser des questions à votre client. Comment entamer les questions ? Par exemple de la façon suivante :
- Notre concurrent est très discret sur ses offres, si cela ne vous embête pas, peut-être pouvons-nous lister les points forts et les points faibles de leur offre et nous verrons si notre offre correspond mieux à vos besoins. Qu'est-ce que vous en pensez ?

Vous découvrirez alors peut-être que votre concurrent est plus long sur les délais de livraison, plus cher, moins disponible, etc.
Si ce que vous faites mieux que le concurrent, est important pour le client, l'entretien va naturellement

tourner en votre faveur et vous augmentez vos chances de vendre.

Le client vous dit qu'il n'a besoin de rien

Les clients qui disent n'avoir besoin de rien vous indiquent clairement que vous les gênez. Ce sont souvent des personnes qui vont être désagréables avec vous et ne vont pas se gêner pour vous parler parfois avec agressivité. Ne vous laissez pas impressionner. Tentez la phrase suivante :

- *Évidemment, je sais bien que vous ne nous avez pas attendu et que vous avez déjà trouvé une solution à chacun de vos problèmes. Mais parfois, on n'a besoin de rien parce qu'on ne sait pas qu'il existe des choses intéressantes. Par exemple, personne n'a jamais réclamé un téléphone portable tant qu'il n'a pas été inventé.*

Quand la personne ne veut rien savoir, même après la phrase précédente, cela peut devenir irritant car on ne vous donne même pas l'opportunité de présenter ce qu'on vend. Si vous sentez que la personne est hermétique et ne veut rien savoir, tentez une dernière réplique dans le style suivant, avant d'abandonner (sans oublier de garder le sourire) :

- *Très bien je comprends, c'est un point de vue particulier mais je le respecte : vous préférez ne rien savoir des innovations ou nouveautés qui pourraient vous aider ....* et vous complétez la fin de la phrase en citant l'activité de votre entreprise.

Par exemple, « *Très bien je comprends, c'est un point de vue particulier mais je le respecte : vous préférez ne rien savoir des innovations ou nouveautés qui pourraient vous aider qui pourraient vous aider à diminuer les impayés de votre entreprise.*

Si cette phrase de la dernière chance ne fonctionne pas, il n'y a plus qu'à abandonner : il ne sert à rien de parler à un mur.

Le client vous dit que cela ne l'intéresse pas

Si le client vous dit que ce que vous proposez ne l'intéresse pas, il faut être assez vigilant car plus vous insisterez, plus vous augmenterez la résistance de votre client. Ne vous avouez pas iimédiatement vaincu et répondez par une phrase dans ce style :

- *Ah ? D'accord. J'avoue que je pensais que mon produit pourrait vous aider puisque ...* (et là vous décrivez en quoi vous pensiez que votre produit peut aider votre client, mais en moins de 10 secondes). Puis finissez avec ceci :

- *Vraiment par curiosité, comment cela se fait que cela ne vous intéresse pas ?*

Cette question vous permettra d'en apprendre plus sur ce client s'il veut bien vous répondre, et cela vous amènera des informations importantes dont vous pourriez avoir besoin par la suite dans d'autres entretiens de vente.

Remettre à plus tard

De nombreuses objections ne sont pas liées au produit que vous vendez mais s'appuient sur le manque de temps souvent chronique de votre client. Voici les objections temporelles les plus classiques.

Le client vous dit qu'il n'a pas le temps de vous recevoir

Quand un client vous dit qu'il n'a pas le temps, c'est un grand classique, donnez-lui la durée exacte de l'entretien, et plutôt des durées qui ne tombent pas sur un chiffre rond. Par exemple, ne dites pas :

- *Je pense que notre service peut justement vous faire gagner du temps et ma présentation dure seulement 10 minutes.*

Dites plutôt :

- *Je pense que notre service peut justement vous faire gagner du temps et ma présentation durera seulement 7 minutes. Je vous promets que vous pourrez me mettre dehors comme un malpropre si je dépasse.*

Ensuite, s'il vous pose des questions et que vous dépassez de la durée promise, ce n'est plus de votre responsabilité : c'est le client qui aura décidé de faire durer l'entretien.

Le client vous dit que ce n'est pas le moment, qu'il faudrait rappeler plus tard ou qu'il faudrait rappeler dans quelques mois

Si le client vous dit que ce n'est pas le moment et qu'il faut rappeler plus tard, il est tout a fait possible qu'il ait de vraies contraintes. S'il vous dit « *ça m'intéresse, appelez moi la semaine prochaine* », il y a même un point positif : il dit être intéressé. Il est parfois conseillé (mais quel mauvais conseil !) de demander des explications plus précises sur la raison du report à plus tard, par exemple en demandant :

- *Sans être trop indiscret, qu'est-ce qui vous fait penser que plus tard sera mieux ?*

- *Il y a quelque chose qui vous retient ou qui vous préoccupe ?*

En réalité, vous avez toutes les chances d'irriter votre interlocuteur et vous mériteriez qu'il vous réponde :

- *Ecoutez, là, je n'ai pas le temps, j'ai pas à vous expliquer tout mon planning !*

Ne prenez pas ce risque et prenez rendez-vous, par exemple, dites :

- *D'accord, dans ce cas-là, est-ce que mardi prochain à 14h serait possible ?*

De cette façon là, vous avez moins de chance d'irriter le client et, en prenant un rendez-vous un jour précis à un horaire précis, vous augmentez vos chances de pouvoir le joindre de nouveau. Enfin, comme c'est le client qui vous a demandé de rappeler, il vous accordera plus facilement de son temps.

Il existe une autre situation : contrairement à la situation précédente durant laquelle vous n'avez pas du tout eu le temps de présenter quoi que ce soit, vous avez ici réussi à brièvement expliquer quels types de produits ou quels types de prestations vous vendez. Et pourtant, le client vous demande de le rappeler dans quelques mois sans aucun autre commentaire. Essayez de savoir pourquoi ce n'est pas le bon moment.
- Par curiosité, en quoi ce sera plus intéressant pour vous dans quelques mois par rapport à aujourd'hui ? Vous avez actuellement d'autres priorités ?
Pourquoi devez-vous comprendre les raisons ? Parce que vous avez besoin de savoir si ce sont de bonnes raisons ou si l'interlocuteur veut juste de se débarrasser de vous. Il est inutile de perdre votre temps si vous savez d'avance que vous ne vendrez pas.

Le client vous demande d'envoyer de la documentation avant l'entretien

Votre client vous demande de lui envoyer une plaquette ou une documentation sans pour autant vous avoir donné la possibilité de donner deux phrases d'explication. Vous avez compris qu'il ne compte pas vous laisser parler... La plaquette que vous enverrez rendra l'interaction

commerciale plus difficile : il y a peu de chances qu'il la lise, et si vous le recontacter il y a de fortes chances qu'il vous dise qu'il vous recontactera si jamais il est intéressé un jour... Tentez la phrase suivante :
- *La plaquette c'est moi, si la plaquette pouvait me remplacer, je vous aurais directement envoyé la plaquette.*

Si cela ne fonctionne pas et qu'il veut vraiment une plaquette, vous n'avez pas le choix : il faut l'envoyer et rappeler plus tard. Dans le cas où vous avez plusieurs produits ou services à proposer, vous savez qu'il n'est pas pertinent de tout envoyer, et peut-être avez-vous plusieurs plaquettes différentes. Que ce soit le cas ou pas, vous pouvez dire :
- *Nous avons plusieurs activités et il faudrait que nous puissions discuter un minimum pour que je sache quel type de documentation est la plus pertinente pour vous.*

Plus embêtant, c'est quand une secrétaire refuse de vous passer un responsable tant que vous n'avez pas envoyé de documentation. Ne vous laissez pas déstabiliser, c'est très simple : prenez le mail (dans lequel il y a toutes les chances d'avoir le nom et parfois le prénom de l'interlocuteur), envoyez un mail avec un lien vers le site internet, et rappelez une semaine plus tard : quand la secrétaire (qui vous aura complètement oublié) vous demandera de nouveau d'envoyer une plaquette, vous pourrez lui rétorquer que la documentation a déjà été envoyée.

Mais sur le fond, que penser des plaquettes informatiques en papier ? Que font vos contacts avec des plaquettes papier ? En général, ils les jettent à la poubelle. Pourquoi ? Parce qu'aujourd'hui, tout le monde estime qu'elles sont obsolètes car personne ne sait quand elles ont été imprimées : seul le site internet d'une entreprise est considéré être à jour. Essayez donc de favoriser l'envoi d'information avec des liens vers le site internet plutôt que d'envoyer des plaquettes en papier.

Le client vous demande une documentation après l'entretien

Après un entretien, le client vous demande une documentation alors que vous avez déjà tout bien expliqué. Vous pouvez dire :

- La documentation est beaucoup moins précise que ce que je vous ai présenté. Est-ce qu'il y a quelque chose que vous auriez voulu voir aborder et que nous n'avons pas traité ?
L'objectif de répondre de cette façon est d'essayer de détecter si le client est embêté par certains éléments de votre présentation. Parfois, il s'agit juste de pouvoir parler de vos produits à un collègue et c'est alors moins une objection qu'une demande de support visuel pour communiquer. Ne refusez jamais de donner de la documentation, quitte à dire :
« Nous n'avons pas de documentation papier mais tout est présent sur le site internet, je vais vous envoyer le lien direct vers la page du produit dont nous avons parlé ».

Les objections
sur le prix

Les objections sur les prix sont très communes. Elles sont même parfois quasi-systématiques, ne serait-ce que pour le principe. Par exemple, un acheteur, dans une entreprise, n'a pour seule raison d'exister que de dire « c'est trop cher ! », peu importe ce que vous proposez. Imaginons la scène suivante : vous venez de bien expliquer les bénéfices que peut avoir votre produit ou votre service, vous voyez que votre client est clairement intéressé, qu'il pourrait même très bien se décider à acheter mais, quand vous lui annoncez le prix, il vous dit que c'est trop cher. Cette objection ne signifie pas que le produit n'intéresse pas le client, mais peut vouloir dire plusieurs choses :

1. Votre client a peut-être mal perçu la valeur de votre produit.
2. Votre client fait « jouer la concurrence » et dispose d'offres similaires.
3. Votre client veut simplement vous faire baisser le prix.
4. Votre client n'a réellement pas le budget et il ne peut pas acheter.
5. Votre client est un acheteur professionnel dont la raison d'être est de vous faire baisser votre prix

Quand un client vous dit que votre produit est trop cher, c'est forcément relatif à quelque chose, c'est donc finalement assez subjectif. Demandez au client sur quelle base il trouve votre prix trop cher.

- Pourquoi pensez-vous que c'est trop cher ?

Vous dites que c'est trop cher, mais par rapport à quoi ?

Si la réponse ne vient pas de suite, aiguillez le client :
- *Vous pensez que nous sommes plus chers que les concurrents ?*
- *Est-ce trop cher par rapport à votre budget ?*
- *Pourquoi pensez-vous que mon produit est trop cher ?*
Le client a toutes les chances de vous expliquer pourquoi.
Il sera alors plus facile de répondre.

Vous devez comprendre pourquoi il trouve votre proposition trop chère :
- Est-ce qu'il trouve ça trop cher par rapport à la concurrence ?
- Est-ce qu'il ça trop cher par rapport à son budget ?
- Est-ce qu'il trouve ça trop cher par rapport à ce que ça lui rapporte ?

Dans tous les cas, si vous travaillez dans un secteur d'activité dans lequel le prix est un élément déterminant pour le client, utilisez le mot « investissement » au lieu de « prix ». Ne dites pas « *Cette machine vous coutera 5000€* » mais dites plutôt « *pour cette machine, vous devrez investir 5000€* ».

Relativisez le prix

Que faire si le client vous dit que vous êtes plus chers que les concurrents ? Demandez-lui à combien vendent les concurrents, il n'y a pas de raison que le client ne vous le dise pas : il a même intérêt à le faire pour faire baisser votre prix et éventuellement acheter chez vous pour faire une meilleure affaire que chez le concurrent. Calculez rapidement l'écart de prix et insistez sur cela. Par exemple,
Si votre produit vaut 1500€ et celui de votre concurrent 1390€, dites par exemple à votre client :
- *On parle bien d'une différence de 110€ ?*

Cela permet de relativiser l'écart de prix et de pouvoir ensuite expliquer à votre client pourquoi vous êtes 110€ plus cher.

Fractionnez le prix

Pour diminuer la perception du prix, vous pouvez fractionner le prix. Il s'agit de diviser le prix de votre produit ou de votre service par la durée de son utilisation.

Par exemple, imaginons que vous vendez un lave-vaisselle à 700€ à quelqu'un qui n'en a pas et qui est plutôt réfractaire à l'idée. Vous pouvez présenter le prix de la façon suivante :

- Vous lavez votre vaisselle en moyenne 7 fois par semaine, soit 7 x 52 = 364 lavages par an. Votre lave-vaisselle va durer au minimum 5 ans donc cela vous fera 1820 lavages au minimum. Si on calcule le prix du lavage, on est à 700/1820 = 38 centimes par lavage. Cela vous coute le prix d'un café par semaine et cela vous fait économiser beaucoup de temps puisqu'on passe en moyenne 8 à 10 minutes à faire la vaisselle et vous économiserez 10 x 7 x 52 x 5 = 18200 minutes soit 303h, soit encore au minimum 12 jours complet sur la durée de vie du lave-vaisselle.
Peut-être avez-vous mieux à faire que perdre 12 jours complets à laver la vaisselle, non ?

Autre exemple : les vendeurs d'assurance en téléphonie mobile proposent souvent des assurances vol et casse pour téléphone portable à 40€ par trimestre. Cela représente quand même 160€ par an, ce qui parait énorme présenté annuellement.

Ainsi, chaque fois que vous le pouvez, fractionnez le prix pour le faire paraître plus abordable.

Faites acheter un produit plus cher

Votre client a un budget qu'il s'est fixé et vous voulez lui vendre un modèle plus cher. Comment faire ? Fractionnez la partie qui dépasse le budget du client. Reprenons l'exemple du lave-vaisselle précédent. Le budget du client est de 600€ et on veut lui vendre un lave-vaisselle à 700€. Il y a une différence de 100€ à répartir sur 1820 lavages soit une différence de 100€ en tout, divisé par 1830 lavages = 0,05€ soit 5 centimes seulement à chaque lavage.

Vous pouvez dire au client que cela ne lui coûte que 7 x 5 centimes = 35 centimes par semaine, ou encore 1€40 par mois, pour une machine de meilleure qualité, programmable et qui durera probablement plus longtemps.

Le client sera moins réticent à faire un effort supplémentaire de 1€40 par mois que d'imaginer dépenser 100€.

Pour que cette démarche soit plus efficace, faites faire tous ces calculs par le client lui-même. En faisant ces calculs lui-même, il se rendra plus facilement compte qu'il est en train d'argumenter pour quelques centimes et il verra alors votre prix sous un autre angle, plus facile à accepter.

Additionnez les gains

Votre client vous dit que votre tarif est trop élevé par rapport aux concurrents.

Si c'est vrai, c'est que votre produit n'est probablement pas équivalent à celui du concurrent. Dans le cas contraire, si vous vendez la même chose plus cher, il vous sera très compliqué de vendre. Répondez à votre client en listant les bénéfices qui composent ce prix et expliquez comment le prix est constitué.

Par exemple, vous pouvez expliquer :

- Les économies d'énergies réalisées par votre lave-vaisselle et que vos concurrents ne peuvent pas proposer
- La capacité plus importante d'un lave-vaisselle qui permet de faire un lavage au lieu de 2 et permet de réduire le nombre de lavages
- Le temps gagné comparé à un autre lave-vaisselle grâce à un programme spécial
- La qualité du matériel qui lui permettra une plus grande longévité.

Que ce soit un produit physique ou une prestation de service, chaque fois que vous le pouvez, essayez de présenter au client ce que lui apporte votre offre. Il faut que le client voit votre proposition comme un investissement. S'il achète votre produit ou votre prestation : combien va-t-il gagner d'argent et combien va-t-il économiser de temps ?

Par exemple, vous allez former une équipe de graphistes sur un logiciel très sophistiqués, peu intuitif. Votre formation coûte 3000€. Si à la suite de votre formation, chacun des 10 graphistes gagne 20% de temps, cela correspond à 1,6 heures par jour x 10 participants x 5 jours dans la semaine, x 4 semaines = 320 heures économisées par mois.

Si le coût employeur est de 20€ par heure et par employé, cela permet d'économiser 320 x 20 = 6400€ tous les mois. La formation est remboursée en moins d'un mois.

Dyson vend ses aspirateurs en essayant de nous convaincre que Dyson nous fait gagner de l'argent. Comme vous le savez, les aspirateurs de la marque Dyson sont très chers. Pour nous convaincre la marque va nous expliquer qu'on va gagner de l'argent. Et pour cela, Dyson effectue un petit calcul simple pour nous convaincre. Sur son catalogue, Dyson nous montre que nous économisons 970€ si nous utilisons leurs aspirateurs. Cela se présente sous forme d'un ticket de caisse qui présente le calcul suivant :

Les aspirateurs classiques utilisent des sacs et des filtres qu'il faut changer régulièrement, contrairement aux aspirateurs Dyson, sans sac et sans filtre. On estime qu'il faut utiliser 1 sac par mois soit 120 sacs en 10 ans. Un sac coute 4€ donc on économise 480€ de sacs.

Les filtres de remplacement coutent 49€ et il faut en acheter 1 par an, soit 490€ sur 10 ans ce qui nous amène à un total de 480+490 = 970€ économisé sur 10 ans.

Bref, si on regarde tout cela selon ce point de vue, votre aspirateur Dyson vous est offert en 5 ans d'utilisation !
 fractionn

Baissez votre prix

Faut-il baisser ses prix ? Il est difficile de répondre car cela dépend du client. Si vous pensez que le produit que vous proposez est effectivement trop cher pour lui, il sera nécessaire d'accepter de baisser les prix pour gagner un contrat ou faire une vente.

Mais, et c'est là la chose importante, il faut que le client fasse également un pas dans votre direction : n'acceptez jamais de baisser le prix sans obtenir quelque chose en retour, même si ce que vous obtenez est essentiellement symbolique. Par exemple :

- Si vous baissez votre prix, le client doit par exemple accepter moins de services : on supprime la livraison, la mise en service, ou le nettoyage après l'installation.
- Vous baissez votre prix mais le client s'engage sur des achats récurrents. C'est intéressant si vous vendez du consommable : Il vaut mieux vendre avec un peu moins de marge et très régulièrement, que ne pas vendre du tout.
- Vous baissez votre prix mais, en échange, le client règle comptant. En effet, cela vous économise toutes les relances pour se faire payer et permet de faire entrer de la trésorerie immédiatement.
- Vous baissez votre prix mais le client vous présente d'autres clients qualifiés et vous fait gagner du temps sur la prospection.
- Vous baissez votre prix et, en échange, le client vous achète des volumes plus importants.

Bref, vous demandez du donnant-donnant même si parfois vous donnez plus que vous ne recevez : il faut que le client ne puisse pas se dire qu'en vous mettant la pression on obtient ce qu'on veut sans rien à avoir à donner en échange.

Dans tout cas, avant de vous lancer sur une diminution de vos tarifs, il faut que vous ayez bien réfléchi à la limite en deçà de laquelle vous ne descendrez pas ! Et dites NON si vous devez perdre de l'argent dans la transaction ou si vous pensez pouvoir vendre facilement à un prix correct à d'autres clients.

Je n'ai pas de budget suffisant ou je n'ai pas de budget

Si le client vous dit qu'il n'a pas le budget, il est difficile de savoir si c'est vrai ou si c'est juste pour se débarrasser de vous. Il n'a peut-être pas bien compris ce que vous lui proposiez, et si vous n'avez encore pas eu le temps de lui proposer quoi que ce soit, il est probable qu'il n'a juste pas envie de vous écouter. Si vous avez déjà fait votre présentation, vous pourriez demander :
- *Je note bien que vous n'avez pas de budget mais si vous aviez un budget, cela pourrait-il vous intéresser ?*

Si vous n'avez même pas eu le temps de faire votre présentation, l'objectif est de pouvoir le convaincre de l'intérêt de votre solution (rappelez-vous qu'il ne sait même pas vraiment ce que vous vendez pour l'instant). Vous pourriez dire :
- *Mon objectif n'est pas de vous vendre quelque chose aujourd'hui mais je pense que ce que nous faisons peut vous*

rendre service et, si un jour vous avez un budget, peut-être pourrons nous travailler ensemble ?

En effet, s'il n'a pas de budget aujourd'hui, il le trouvera plus tard si votre produit peut l'aider. Et parfois, si le produit est vraiment intéressant, à forte valeur ajoutée et résout des problèmes importants pour le client, il devrait pouvoir économiser sur d'autres postes pour pouvoir acheter.

Autres objections

Les objections muettes

Parfois, votre client vous écoute et ne dit rien. Mais vous voyez bien à son comportement que l'entretien se passe mal : mouvements d'agacement, sourire en coin, air dubitatif, hochement de tête, etc. Ces objections muettes sont les plus difficiles à repérer car seuls la gestuelle et les signes non verbaux vous donnent des indices : vous devez détecter les objections dans le comportement de votre interlocuteur. Si pour une raison ou une autre, vous sentez que votre interlocuteur n'accroche pas, vous devez vous arrêter pour l'interroger :
- *Je sens que je suis assez loin de vous convaincre, il y a quelque chose que j'ai dit qui vous semble critiquable ou quelque chose qui n'était pas clair ?*

Il y a des chances que le client vous dise ce qui le gène. D'ailleurs, il est probable qu'il bouillonne intérieurement : l'interroger va le désinhiber et il vous dira ce qu'il n'osait pas vous dire. Une fois formulées, il sera bien plus facile de répondre à ses objections.

Les objections tactiques

Certaines objections ont pour seul but de vous mettre en difficulté, soit pour vérifier vos compétences, soit pour obtenir de meilleures conditions d'achat sous prétexte que vous ne seriez pas aussi professionnel que cela. Par exemple, on vous dit : *Vous n'avez pas la capacité de production suffisante pour répondre à notre demande.* En

disant cela, on veut vous tester. A vous de prouver que vous avez la capacité de production suffisante. Vous pouvez répondre :
- *Pourquoi dites-vous cela ? Nous avons 5 sites de productions et nous travaillons avec des partenaires qui nous permettent de répondre à des pics de production.*
Imaginez qu'on vous dise : *Ce que vous m'annoncez est impossible !* Votre interlocuteur veut vous déstabiliser.

Répondez :
- *Pourquoi pensez-vous cela impossible ? Y a-t-il un point particulier sur lequel vous pensez que nous ne sommes pas capables de faire ce que je vous ai décrit ?*
Il est généralement plutôt facile de répondre à ce genre d'objection si vous connaissez bien vos produits et votre entreprise puisqu'il s'agit surtout de rassurer le client sur vos compétences.

Les objections non fondées

Les objections non fondées sont des objections qui portent sur des a priori ou des préjugés de votre client, alors que par ailleurs votre produit répond parfaitement à ses besoins. Par exemple, votre client est anglais et il vous dit « *oui, mais vous les français, vous faites tout le temps grève, on ne sait jamais si on va être livré ou pas à temps* ».

Répondez à ces objections plutôt par la forme interrogative :

- Pourquoi pensez-vous qu'il y aura des grèves à la période de livraison ? Pour l'instant, il n'y aucune grève prévue en France et nous pouvons vous livrer pour la semaine prochaine si vous signez aujourd'hui.

De fait, vous invalidez l'objection. Ensuite, soit le client achète, soit, cette objection en cachait une ou plusieurs autres, auxquelles il vous faudra alors répondre.

J'ai pour principe de ne jamais signer pour la première fois

Si le client vous dit : « *j'ai pour principe de ne jamais signer au premier rendez-vous* », avouez que c'est quand même une objection tordue. Si vous êtes en entretien physique et que vous avez eu le client au téléphone, vous pouvez oser la phrase suivante :

« *Ah ben c'est très bien, puisque c'est la deuxième fois que nous sommes en contact !* »

Ou alors, si vous n'avez pas été en contact avant (avec un ton au second degré) :

« *Très bien, les principes sont les principes : dans ce cas, pouvons-nous fixer une date, peut-être la semaine prochaine, pour signer le contrat ? Puisque comme cela, ce sera notre deuxième contact* »

Si le client a des objections réelles, il vous les fera savoir à ce moment-là, et vous pourrez comprendre ce qui ne lui plait pas dans votre offre.

Autre situation, le client vous dit «*je n'aime pas me décider vite*». Il est probable que quelque chose lui déplait dans votre offre. Interrogez-le :
- *Si je comprends bien, il y a quelque chose qui vous retient pour l'instant ?*

S'il y a une réelle objection, vous devrez la traiter, et si c'est juste qu'il n'aime pas se décider vite, prenez rendez-vous pour signer le contrat ultérieurement
Dans ce cas, pouvons-nous fixer une date pour en rediscuter ? Est-ce que je peux vous proposer la semaine prochaine ?

Ne pas vouloir signer la première fois est donc une objection plutôt faible. Il est facile de la rejeter, et cela permettra de faire ressortir les objections réelles qui se cachent derrière.

Les objections qui ne méritent pas de réponse

Il ne faut pas toujours répondre à une objection. Parfois, c'est inutile, car de façon évidente, répondre à ces objections n'améliorera pas vos chances de vendre. Ces objections n'ont pour seul objectif que de se débarrasser de vous sans même savoir ce que vous faites.
- *Non, merci, j'ai besoin de rien*
... alors que le client ne sait même pas ce que vous allez lui proposer puisque vous ne lui avez encore rien dit !!

Autre objection classique :

En ce moment, nous avons arrêté tous les achats.

Ils ont vraiment arrêté tous les achats ? Ca n'existe pas. C'est une objection pour dire qu'on ne veut pas vous parler. N'insistez pas.

De toute façon, nous n'achetons jamais auprès d'entreprise à plus de 2 kilomètres de chez nous.

Là encore, l'objection est du grand n'importe quoi. Laissez tomber. Si cela vous énerve vraiment, vous pouvez tenter la phrase suivante :

« Ah bon ? Ca doit être difficile pour vous de rouler sans essence ou encore de vous passer de café, non ? ». Ca ne vous fera pas forcément vendre plus, mais vous montrerez que vous n'êtes pas dupe, et vous faites tomber l'objection. Toutefois, n'insistez pas car cela vous fera perdre du temps et de l'énergie pour un résultat nul.

Conclusion

Les objections sont normales dans un entretien de vente. Elles sont nombreuses et variées, tout comme les clients sont nombreux et différents. Chaque situation est donc différente et nous avons vu les grands types d'objection. Bien répondre aux objections vous permettra de rebondir plus facilement lors d'un entretien commercial et vous permettra de ne pas rester sans voix face à une objection non prévue. Il n'en reste pas moins que la qualité des produits ou des prestations que vous proposez est quand même le meilleur argument de vente : si vous faites mieux que les concurrents, vous trouverez des clients. Mais une bonne présentation commerciale et une réponse efficace et adaptée aux objections des clients vous permettra d'améliorer votre taux de conversion de prospects en clients.

L'auteur

Philippe Massol est docteur en immunologie et après avoir passé un MBA, a travaillé dans un fonds d'investissement spécialisé dans l'innovation. Il a été conseiller en stratégie et forme aujourd'hui à la fois des étudiants de grandes écoles de commerce et des professionnels en entreprise sur les thématiques liées au développement d'affaires : communication écrite, marketing stratégique, gestion de l'innovation, création de valeur, prospection, vente, management d'équipe et motivation.

Philippe Massol est également le formateur francophone monde de LinkedIn Learning avec plus de 300 000 personnes qui ont suivi ses formations, pour des thématiques liées au développement d'affaires : entrepreneuriat, développement de l'innovation, vente et service client.

Il organise des formations mais aussi des conérences sur 21 thèmes variés liés à la vente, business développement et stratégie.

Vous pouvez le joindre facilement sur son compte LinkedIn : https://www.linkedin.com/in/philippemassol/

www.ingramcontent.com/pod-product-compliance
Lightning Source LLC
Chambersburg PA
CBHW060943130726

48001CB00003B/1042